AF542536

Todos los libros de Linkgua Ediciones cuentan con modelos de Inteligencia Artificial entrenados por hispanistas. Pregúntale al chat de tu libro lo que desees acerca de la obra o su autor/a.

Para ebooks: Accede a nuestro modelo de IA a través de este enlace.

Para libros impresos: Escanea el código QR de la portada con tu dispositivo móvil.

Obtén análisis detallados de nuestros libros, resúmenes, respuestas a tus preguntas y accede a nuestras ediciones críticas generativas para una experiencia de lectura más enriquecedora.

La transparencia y el respeto hacia la autoría de las fuentes utilizadas son distintivos básicos de nuestro proyecto. Por ello, las respuestas ofrecen, mediante un sistema de citas, las fuentes con las que han sido elaboradas.

José Zorrilla

Vivir loco y morir más

Barcelona 2024
Linkgua-ediciones.com

Créditos

Título original: Vivir loco y morir más.

e-mail: info@linkgua.com

Diseño de cubierta: Michel Mallard.

ISBN rústica ilustrada: 978-84-9953-532-6.
ISBN tapa dura: 978-84-1126-028-2.
ISBN ebook: 978-84-9897-901-5.

Sumario

Brevísima presentación

La vida

José Zorrilla (Valladolid, 1817-Madrid, 1893). España.

Tras pasar por el Seminario de Nobles de Madrid, fue a las universidades de Toledo y Valladolid a estudiar leyes.

Asentado en Madrid, las penurias económicas le hicieron a vender a perpetuidad los derechos de Don Juan Tenorio (1844), la más célebre de sus obras. En 1846, viajó a París y conoció a Alejandro Dumas, padre, George Sand y Teophile Gautier que influyeron en su obra. Tras otra breve estancia en Madrid, regresó a Francia y de ahí, en 1855, marchó a México donde vivió gran parte de su vida y fue nombrado director del teatro Nacional por el emperador Maximiliano.

El teatro romántico

Esta es la primera obra teatral de Zorrilla, escrita cuando apenas tenía veinte años. Tuvo notorio éxito entre la crítica y el público. Es una obra romántica que relata las penurias de unos jóvenes apasionados y ávidos de vivir con intensidad. El artista entregado y hastiado del mundo, el alcohol como una salida, el honor y la venganza hacen de Vivir loco y morir más una tragedia que reflexiona sobre la voluntad de no renunciar a nada.

Personajes

Alberto
Ana
Julián
Luisa
Pablo
Pereira, portugués
Román

Acto I. El ponche

Habitación de Pablo Román, de aspecto casi miserable; una mesa, sillas, papeles, dibujos, y en un caballete un retrato sin concluir. Unos floretes colgados en la pared.

Escena I

Alberto sentado, y Román en pie, por la Escena.

Román (Señalando en la mesa una moneda de oro.)
Es el último doblón.

Alberto
Suerte, por cierto, cruel.

Román
Brindemos juntos con él
a nuestra separación.
Mañana, lo mismo que hoy,
traerá sus horas el día;
nos queda nuestra alegría
en el alma, Alberto.

Alberto
Estoy
de ello penando en extremo.
¿No hay más remedio, Román?

Román
Los días vienen y van,
y que no ha de llegar temo
el mío.

Alberto
La suerte acaso

te guarda mejor fortuna.

Román

Es tardía, es importuna,
y en impaciencia me abraso.
¡Tantas horas de esperar,
tantos días de dolor,
aguardando otro mejor
que jamás ha de llegar!
¡Y soñando gloria y nombre
sentado al dintel de un cielo,
arrastrarse por el suelo
bajo la planta del hombre!
No más, Alberto, por Dios,
hoy es nuestra despedida:
tal vez otra en esta vida
nos hallaremos los dos.

Alberto

Román, ¿y así se abandona
tanto afán, tanta esperanza?
¿Sin amargura se alcanza
esa soñada corona?
Trabaja, sufro y espera,
que en el sufrir y esperar
está acaso el encontrar
esa fama venidera.

Román

Decidido, Alberto, estoy;
de nosotros olvidados,
o famosos o ignorados,
bebamos alegres hoy.
Nuestro es el día presente,
de los necios el mañana,

la vida es corta y liviana
para todos igualmente.
  Soñé desde que nací
esos fantasmas de gloria,
y hoy no encuentro en mi memoria
un recuerdo para mí.
  Todo en la tierra es vacío;
la amargura y el placer,
y mañana, y hoy y ayer,
presa son del tiempo impío.
  Riamos, pues, y cantemos,
el alma de llanto ajena,
que tal vez la será en pena
el tiempo que no gocemos.

(Un momento de pausa.)

  Mira, mil veces pensé
que solo al cuerpo convida
con ocio y placer la vida;
pero al alma, ¿para qué?
  Este cuerpo es un encierro,
del otro mundo antesala;
vida el cielo le señala,
muere, y acaba el destierro.
  Si el cuerpo no ha de vivir,
acertado, a fe, es dejar
al ánima descansar,
y al cuerpo inútil morir.

Alberto ¿Y tu entusiasmo, Román?

¿Tu ambicioso pensamiento?

Román

Borrándose con el viento,
las cosas del mundo van.
Ambición tuve de ser
grande, y dejar en la historia
famosa y alta memoria,
pero esto, Alberto, era ayer.
Hoy hallé mi corazón
menos osado, más frío.
Juzgué ese afán desvarío,
y lugar di a la razón.

Alberto

A tu razón extraviada,
y a tu ambición no cumplida.

Román

Y, francamente, esta vida
no creo merezca nada
El mundo es jaula de locos,
los más locos gozan más;
mas son pocos.

Alberto

Y ¿no harás
por ser, Román, de los pocos?
El mundo será ilusión,
locura será cual dices,
mas si hay tristes y hay felices.
algunos mejores son.
Si el poder y la riqueza,
el orgullo y la hermosura,
son por cierto una locura,
en la locura hay grandeza.

Ese sublime entusiasmo
que ayer existía en ti,
hoy, ¿no te merece, di,
nada?

Román

A lo más un sarcasmo;
porque hoy veo más que ayer,
y esos fantasmas de oro,
esos sueños que hoy adoro,
mañana he de aborrecer.
En fin, yo quiero reír,
cantar, beber y esperar
el día en que ha de acabar
nuestra misión de sufrir.
Ese es mi último doblón,
y hoy es nuestra despedida,
si ha de ser en esta vida
de eterna separación...

Alberto

¡Ah! ¿Estás loco?

Román

Loco estoy.

Alberto

¿Eterna ha de ser? ¿Por qué?

Román

No hablemos más: no lo sé;

pero un día grande es hoy.

(Sale por la puerta del fondo.)

Escena II

Alberto

¡Maldita ambición de ser
más de lo que puede un hombre!
¡Maldita ambición de un nombre
con que no hemos de poder!
Sí, ¡maldita esa locura,
bastarda pasión impura,
de querer ganar la altura
sin pisar un escalón!
Apagose su osadía,
y hoy es un último día...
¡Ay! ¡Para volar tenía
alas en el corazón!
Y, por cierto, él es poeta,
grande el alma como el mundo;
mas por no ser el segundo,
a la nada se sujeta.

Escena III

Alberto y Román

Román

Pues, señor, ponche tenemos.
Con él la memoria ahoguemos;
cuando borrachos estemos,

en nada hemos de pensar.
¿A qué ese abatimiento?
yo quiero verte contento;
si, al fin, placer y tormento
Llaman con el tiempo han de acabar.
a la puerta.) ¡Hola! ¡Otro interlocutor!
Sin duda ha errado el camino.
(Alto.) A la puerta del vecino,
si sois un acreedor.

Julián (Dentro.) Abre, soy yo.

Román (Abriendo.) ¡Tarambana,
aguardaras a mañana!
Con esa voz de campana,
¿por qué no gritas: «¡Abrid!»?
Van a traer la ponchera.

Julián Más a tiempo no viniera
a descomunal quimera
contra los moros, el Cid.

Escena IV

Román, Alberto y Julián

Julián Y ¿a qué santo es la función?

Román A mi mudanza de vida.

Julián Con esa resolución,

la difunta Inquisición
se diera por bien servida.
Una conversión tamaña,
eco hallará en toda España.

(Riéndose.) ¡Pues debajo del sayal,
no será mala cucaña
este infolio de moral!

Román
Pero, hombre, ven, óyeme...

Julián
¿Qué más tienes que añadir?

Román
Mira, de hoy más no seré...

Julián
¿Pues no lo acabo de oír?
No digas más. ¿Para qué?

Román
¡Loco! Ya no hay poesía
ni bellas artes en mí.

Alberto
¡Locura es la tal porfía!

Román
Este es el último día
que estamos juntos así.

Julián
¿Esa es pulla?

Román
No, por cierto.

Julián
¿Conque me hablas en verdad?

Román — Sí.

Julián (Con énfasis.) — Ya; si la sociedad
hoy ya no es más que un desierto,
el mundo es la soledad.
¿Conque versos, y pinceles,
y esperanzas ¡pif! volaron?

Román — Cabal.

Julián — ¡Ah! Son oropeles.
¡Sin renombre y sin laureles,
cuántos hombres se olvidaron!
Decir que lo pienses bien,
es inútil advertencia;
tú lo quieres, tú lo ten.
¿Hay ponche? Pues, en conciencia,
no hay más que decir amén.

Román — Pues al ponche. Ya está aquí.

(Un mozo entra la ponchera.)

Julián — ¡Oh, qué campo de batalla
veo delante de mí!
El ponche es el cielo, sí;
vida en el ponche se halla.
A esa transparente llama,
que por las orlas del vaso
color y calor derrama,
¿qué corazón no se inflama?
Yo en inspiración me abraso.

Ese azul vago, flotante,
remedo del firmamento,
hace que el poeta cante,
hace atrevido al amante
y ahoga el remordimiento.
Él hace del tiempo impío
horas de calma y placer,
al corazón presta brío,
y va un hombre a un desafío
bien seguro de volver.
¡Amigos! Al agua penas,
paraíso es la embriaguez;
gocemos horas serenas,
que éstas tenemos apenas
por la postrimera vez.

Román — Inagotable, fecunda,
soltaste la taravilla.
¡Fraseología tremebunda!

Julián — Bebamos, y ancha Castilla.
que el universo se hunda.

(Un momento de pausa.)

Aquí noto tu talento,
el mundo vas a dejar
con nobleza y ardimiento.

Román — ¿A qué tristeza mostrar
cuando lo dejo contento?

Julián ¡Famoso! Es cosa hechicera
dejar la literatura,
las artes..., ser un cualquiera,
y entrar en la vida oscura
por puertas de borrachera.

Román Bebamos. Al ponche, Alberto,
no tengas duelo por mí:
para todos está abierto
ese porvenir incierto,
que no vemos desde aquí.
Vendrá tardía o temprana
nuestra buena o mala hora,
y en esta vida liviana,
si feliz me encuentro ahora,
¿por qué pensar en mañana?

Alberto (Levantándose de repente y disponiéndose a beber.) Tienes razón: tú lo quieres,
y tú quien lo ha de arrostrar
solamente, Román, eres,
y es inútil derramar
lágrimas en tus placeres.
Bebamos.

Román Hablaste al fin
algo, menos mentecato.

Julián Hoy es nuestro San Martín.
No queda vaso ni plato

útil en nuestro confín.

(Se sientan, fuman y beben.)

¿Conque desde hoy nueva vida?
¡Determinación extrema!
Cuanto más desconocida,
más la novedad convida.

Alberto — Cada loco con su tema.

Julián — Del disgusto y del placer
gozamos si es repentino;
mejor lo nuevo ha de ser;
por eso, si es del vecino,
me enamora la mujer.
Pues, señor, yo te aconsejo
que no te vuelvas atrás,
siempre fastidia lo viejo.

Román — Te pagaré tu consejo
dándote ponche de más.

(Desde aquí, debe conocerse el efecto de la embriaguez.)

Según estás de callado,
(A Alberto.) te sientes, una de dos,
o enfermo o enamorado.

Julián — Ayer estuvo en el Prado
con su mujer, ¡vive Dios!
¡Qué miserable es, Alberto,

el mundo que vemos!

Román — ¡Oh!
¿Conque lo hemos descubierto?

Alberto — Que era una mujer, es cierto;
pero mujer mía, no.

Julián — Nunca lo creyera en ti,
tú no eres hoy el de ayer.

(Mirándole a la cara.)

Alberto — Pues te engañaste.

Julián — O mentí.
Pero hoy como un maniquí
te trae cualquiera mujer.

Román (Levantándose con énfasis.) — ¡Conque te vas a casar!
Tú vas a prevaricar.
Lo dije, tus disparates
contigo vendrán a dar
en una casa de orates.
¡Tú te casas!

Alberto — Yo me caso.

Román y Julián — (A carcajadas.)
¡Se casa!

Julián

(Con el vaso en la mano.)
¡Salve, oh sesudo
marido! Levanta el vaso,
con un brindis nada escaso,
yo, marido te saludo.
¡Salud! Piadosos los cielos,
larga sucesión te den;
continuas fiestas de celos,
matrimoniales consuelos
que se asomen a tu sien.

Román

Y escribas matrimonial,
misantrópica y difusa,
sobre el amor conyugal,
una obra espiritual
a los niños de la Inclusa.

(Alberto bebe sin interrupción.)

Julián

Sí, lo mejor que has de hacer
es emborracharte.

Román

¡Bravo!
¡Lo entiendes! Con no atender,
lo que quieras ha de ser.

Julián

El estoicismo alabo,
pero, en conciencia, casarte
es tremenda necedad.

Alberto

¿Por qué?

Julián Tú has de enamorarte.

Alberto ¿Y si lo estoy?

Julián Es verdad,
yo no voy a confesarte.

Román ¡Lo que es el mundo, Julián!
Es un abismo profundo.

Julián Hoy es gran día, Román;
unos entran en el mundo,
y otros del mundo se van.

Alberto (Se levanta dando señales de embriaguez.)
¡Fanáticos! El amor
no es el fantasma de un sueño,
del viento azotada flor...

(Risa general.)

Román Poeta predicador,
¿Adónde vas con tu empeño?

Julián Déjale, siga el sermón:
sigue, inspirado profeta,
tu noble predicación;
la fuente de inspiración
es el ponche del poeta.

Alberto A vosotros, prohibido
ese sublime placer

por el Señor os ha sido;
vosotros no habéis bebido
el amor de una mujer
en unos ojos de fuego,
en unos labios rosados,
cuando os miran extasiados,
cuando al amoroso ruego
os besan avergonzados.
Vosotros, hombres de tierra,
poetas sin corazón,
cantáis del amor la guerra,
sin saber el bien que encierra,
en su inquietud la pasión.

Julián
¡Bravo! ¡Bien! Más no dijera
un sacerdote de amor;
sublime es la borrachera.

Román
Otro ataque a la ponchera,
amante predicador.

Alberto
Yo quiero amando vivir
esclavo en dos ojos bellos,
sin leer más porvenir,
hasta que llegue el morir
y expire de amor en ellos.

Julián
(Con una estrepitosa carcajada.)
¡Borracho completamente!
Más borracho que los dos.

Román
¡Oh ponche, tú solamente

haces que un hombre se ostente
digno remedo de un Dios!

Julián

Yo la he visto, Alberto; es
una niña angelical.
¡Oh! Cuando con ella estés,
vístela blanco cendal
de la cabeza a los pies.

Alberto

Si, por cierto, y lo merece;
es un ángel indeciso,
que en la tierra de improviso
por vez primera aparece,
bajando del Paraíso.
Delicada como aroma
de retoñado jardín,
rosada aurora que asoma...

Julián

Una hurí para Mahoma,
para Cristo un querubín.

Alberto

¡Silencio! No hay más placer,
más realidad, que el amor;
no hay en la tierra otro ser
con el nombre de señor,
más digno que la mujer.

Román

Sí, una chicuela coqueta,
insípida y elegante,
a tal locura sujeta,
que la echará de poeta,
y no habrá Dios que la aguante;

O una habladora sin tino
de paseos y de modas,
que a la mitad del camino
te mienta un amor divino,
y te engañe como todas.

Julián

¡Cuidado, que le ha cogido
de medio a medio la mona!

Román

¡Y estaba tan comedido!

Julián

La cabeza del marido
pronostica su corona.
¡Oh siglo matrimonial,
siglo de paz y de amores,
centuria patriarcal,
en que los hombres mejores
lo suelen hacer más mal!
Siglo que pasas cantando,
cantas gimiendo y llorando,
lloras haciendo piruetas,
en tus horas arrastrando
un enjambre de poetas:
Hoy se despide de ti
con solemne borrachera
un poeta que te diera
más versos, que gozo a mí
el alma de una ponchera.
Y no pienses que te deja
para un hábito endosar,
que es pereza que le aqueja,
es porque quiere dejar

morirse al alma de vieja.

Román — Por cierto, todo es locura
en este mundo vacío;
sin trabajo y sin ventura,
pasaré una vida oscura...
(Julián se ríe.) ¿Te ríes? Pues yo me río.
(A Alberto.) Enamorado sublime,
tú te duermes, ¡vive Dios!

Julián — Otra ponchera le anime.

Román — ¿No es cierto que tú estás, dime,
más borracho que los dos?

Julián — Los fantasmas en tu mente
bullen de tus amoríos:
alza ¡oh poeta demente!
la matrimónica frente,
pese a estos tiempos impíos.

Alberto — Basta ya, no me aturdáis;
por más que ambos me digáis,
yo me he de casar al fin.

Julián — ¡Felices los que encontráis
una mujer serafín!

Román — Para mí todas iguales,
fuentes de placeres son,
que nos prestan liberales
un paraíso de males

y un infierno de pasión.
Que sea bonita o fea,
que sea noble o villana,
las amo de buena gana.
¿Qué importa lo que ella sea
si la he de dejar mañana?

Julián

Yo tengo por las más bellas,
las de amores de querellas,
atrevidas españolas...

Román

¿Cachetinas de manolas?
¡Pues si me alampo por ellas!

(Volviéndose a Alberto, que está pensativo.)

No, señor, no hay que dormir
a pretexto del licor;
al oído hemos de ir
a predicarte el amor
hasta que le hayas de oír.
Ese amor como un torrente
que roe el alma y la mente,
nunca, Alberto, lo encontré:
ese amor, convéncete,
es el amor de un demente.

Alberto

¡Pluguiera a Dios que algún día
sintierais esa pasión
con su insufrible agonía,
bullendo en el alma impía,

desgarrando el corazón!

Julián
Lo que bulle, Alberto, en
es el ponche.

Román
¡Vive Dios!
¡Amores!
(Una ruidosa carcajada.)
Entran en mí,
por lo menos dos a dos;
nunca en un amor creí.
Las bellas son inconstantes,
ingratas y veleidosas;
las sabidas y elegantes
son vanas y extravagantes,
y las feas envidiosas.
Cuando el ron brilla en los ojos
y hace dos de una ponchera,
la más fea es hechicera;
ninguna nos causa enojos
y es la pasión verdadera.
Bebamos, pues; no hay amor.

Julián
Es un fantasma soñado,
quimérico, engañador.

Román
La mujer entre el vapor
quiero del ponche abrasado.

Julián
Bien dicho; no hay más amores
que el fuego de los licores,

(A Alberto.) entusiasta visionario.

(Alberto, vacilándole las rodillas, dice con el más marcado desprecio:)

¡Nunca brotaron las flores
en asqueroso calvario!

(Se arroja sobre una silla completamente borracho.)

(Julián y Román ríen a carcajadas.)

Julián

¡Pesado el ponche le fue!
Borracho está, ¡por mi vida!

Román

Es que en la mente dormida,
la imagen de su querida
no le deja estar en pie.

(Llaman misteriosamente a la puerta. Román mira por la cerradura.)

¡Chis! ¡Silencio! Una mujer...
Ocultaos, me interesa...::
una niña portuguesa
a quien dejó antes de ayer.

Julián y Alberto

Ábrela.

Román

(Empujándolos.)
Ocultaos.

Julián — Pues;
y contigo abandonada...

Román — No repliquéis; es casada,
su marido es portugués.

(Se ocultan en la alcoba de la derecha.)

Escena V

Ana y Román

Ana (Ana, entrando.)
Bien me hiciste aguardar.
¿Qué significa esta ausencia?
Faltome ya la paciencia,
y al fin te vengo a buscar.
Una enfermedad creí
que te agobiara, mas veo
que lo pasas a deseo
sin acordarte de mí.
Y ¿ese ponche... ¿Estaban, pues,
otros amigos? Veamos...
Proseguid.

Román — No, lo dejamos
para concluir después.

Ana — ¿Cuándo?

Román Cuando vos salgáis.

Ana Pues ¿tanto acaso os impido?

Román Sí, porque yo me despido,
y mi marcha retardáis.

Ana ¿Te despides?

Román Sí, por cierto.
Y ¿adónde vas?

Román No lo sé.

Ana Y ¿hasta ahora...

Román ¿Para qué?
Aun era mi viaje incierto.
Yo no os lo pude advertir...;
ello es obra del destino.

Ana No te comprendo.

Román ¿Hablo en chino?
Mañana voy a partir.

Ana Pues ¿cómo? ¿Dónde? ¿Por qué?

Román Porque me cansa Madrid;
voy a Valencia del Cid,
y el cómo, aun yo no lo sé.

Ana ¡Ingrato! Y con tanto amor...

Román Nunca, señora, os he amado.

Ana ¡Infame! ¿No lo has jurado?

Román Soy de oficio jurador.

Ana ¡Ingrato! ¿Tanta pasión
no ha podido hacerte amar?
¿Ni un recuerdo ha de guardar
de mi amor tu corazón?
Yo te amé porque me amabas,
me lo juraste y mentías;
si entonces no me querías,
¿por qué, traidor, me engañabas?
¿Tal juramento olvidaste
para abandonarme así?
No, mi honra no te di;
Tú, Román, me la quitaste.
Vuélmela, que no es tuya,
o dame otra vez tu amor.

Román Y ¿quedaremos mejor
cada uno con la suya?

Ana (Con rabia.) Oye: un hombre que detesto,
para casarme buscaron;
a él a la fuerza me ataron,
pero no bastó con esto.
Ya estaba casada yo
cuando en Córdoba te vi;

todo lo dejé por ti,
que por tu fortuna no.
  Tú mentiste tu pasión
con palabras tan de fuego,
que en ellas se abrasó luego
el amante corazón.
  Y cuando el perjuro «Sí»
me recordó mi marido,
le dije: «Mío no ha sido,
que otros le dieron por mí».
  Entonces era el amor
la pasión que me cegaba,
pero ahora es...

Román (Sonriendo.) Bien, acaba.

Ana La venganza de mi honor.
  De aquí no me he de mover
sin honor o sin venganza;
veremos adónde alcanza
la venganza en la mujer.

Román Y si débil tu virtud...

Ana Virtud no necesité...
que a un hombre a quien nunca amé,
vendieron mi juventud.
  ¿No tenía yo derecho
acaso a sentir jamás
lo que sienten los demás,
cuando brotó aquí en mi pecho?
  Dios puso en el corazón

de amor la violenta llama;
díjole al crearle: «Ama»,
y encerró en él la pasión.
  Yo nunca tuve más de una,
y a ti te la dio mi estrella;
no quiero tener más que ella,
y después de ella ninguna.
  Y pues mía mi honra es,
consérvala ¡por tu vida!
porque tal vez te la pida
con más ventaja después.

Román

  Con harta paciencia oí
tantos insultos, señora;
y, ¡por mi vida! que ahora
no sé qué queréis de mí.
  Yo ya no soy el Román
que fui, señora, hasta ayer;
me canso de querer ser
lo que otros por mí serán.
  Que, o porque malo soy yo
para el mundo, o porque él
sea conmigo cruel,
no quiero más mundo, no.
  Hoy le dejo, y con él todo,
hasta que, al fin, carcomida,
caiga en su nada la vida...

(Mostrando los vasos)

Y emprendo el viaje beodo.
  En fin: ya no soy poeta,

ni músico, ni pintor,
y por el mayor amor
no diera ya una pirueta.
  Ni soy el mismo de ayer,
ni como ayer siento ya;
conque vuelvo, claro está,
al marido la mujer.

Ana (Señalando a los vasos.)
  Si ese remedio sabías
para apagar el amor,
¿por qué en el alma el dolor
tanto tiempo mantenías?
  ¡Imbécil! Tú me jurabas
que iba a matarte tu pena,
y, de la ficción ajena,
te creí porque llorabas.
  Es una disculpa vana
ahogar el amor, ¡quimera!
Y agotas una ponchera
dejando el mundo mañana.
  Loco, ¿es esa la suerte impía
con que te agobia el destino?
¿Es ese el fuego divino
de la noble poesía?
  ¿Es esa, di, la expresión
de tu mortal amargura,
de esa eterna desventura
que roe tu corazón?
  ¡Y mientras lloraba yo,
tú estabas en una orgía!

Román Del mundo salir debía.

Ana Y el mundo te rechazó.
Vosotros sois el veneno
de una vieja sociedad,
parodias de adversidad,
carcoma del bien ajeno,
cieno de un alma viciada,
que vais mendigando un nombre
con que a los ojos del hombre
vestir de oro vuestra nada.

Román ¡Tremenda cosa es nacer
en un mundo indiferente,
que ha de tachar de demente
lo que no ha de comprender!

Ana El mundo os comprende, sí,
esa soñada amargura,
y deja vuestra locura
por haber tantas así.
Pero, Román, yo deliro.
¿Me escuchaste? ¡Oh! ¡Perdón!
(De rodillas.) Tú estás en mi corazón
y en el aire que respiro.
Yo sin ti no he de vivir,
a la ley he de apelar;
porque las leyes, amar
no pueden, no, prohibir.
Tú serás libre conmigo,
y si no quieres mi amor,
déjame al menos mi honor,

que yo le tendré contigo.
¡Desdichada!

Román ¡Ambos, a fe,
somos a cual más aquí!

(Llaman a la puerta.)

Ana Román, Román, hele ahí.
¡Por Dios vivo, ayúdame!

(Llaman otra vez)

Román A la otra puerta, que es tarde.

Pereira (Dentro.) ¡Abrid!

Román Perdone por Dios,
hermano.

Pereira ¡Abrid!

Román Y van dos.
Idos en paz, Dios os guarde.

Ana ¡Mi marido! ¡Oh, compasión!
Me mata de una estocada.

(Román la toma de la mano y la esconde en una alacena que habrá a la izquierda)

Román Aquí. ¡Si es de alma porfiada,

bajará por el balcón!

(La oculta.) ¡Maldita sea mi estrella!
Hoy lo pierdo todo yo,
y hoy tal vez, porque me amó,
vida y honor pierde ella.

(A Alberto y Julián.) Salid; ya está el portugués
a la puerta.

Julián ¡Bravo apuro!
¿Está el pájaro seguro?

Román Ya lo veremos después.

(Vuelven a sentarse y beben.)

Pereira (Dando golpes a la puerta)
Abrid, o ¡por Dios bendito,
que voy a arrancar la puerta!

(Román descorre con mucho tiento el cerrojo.)

Román ¡Estúpido! Si está abierta,
¿por qué nos dais tanto grito?

Escena VI

Ana oculta; Román, Julián y Alberto, sentados al velador; Pereira, embozado.

Pereira ¿Paréceles bien, señores,
hacer a un hombre aguardar

del honor mío?
Ignoráis que andan dolores
que pudiera bien tomar
con este frío?

Román

¡Delicado viene un hombre!
Podéis decir vuestro nombre,
y si os place,
os suplico que os sentéis.

Julián

Y que noticias nos deis
del tiempo que hace.

Pereira

¿Tenéis en saberlo prisa?
Tal vez pese ¡voto a Dios:
mucho mi nombre.

Román

Casi el oíros da risa;
por mucho que os pese a vos,
parecéis hombre
que arrastrarlo bien podéis.

Pereira

Que lo arrastro ya lo veis.

Julián

¡Viven los cielos!
Vos padecéis algún mal!

Pereira

Cierto, y terrible y mortal.

Alberto

Con estos hielos
no tiene nada de extraño.

Julián — Pues en ese caso, amigo,
cuidaos mucho.
Mirad que os puede hacer daño...

Pereira — ¿El tiempo que estáis conmigo
y el que os escucho?

Julián — Sí, por cierto; mas bebed.

Pereira — Mil gracias, no tengo sed;
os lo agradezco.

Román — Decid al fin qué queréis,
si este favor que me haréis
de vos merezco.

Pereira — (Acercándose a Román.)
¡Tengo celos!

(Risa general.)

Román — ¡Por mi vida
que habéis errado la casa!

Julián — El otro cuarto
será el de vuestra querida.

Pereira — Tengo la paciencia escasa

Julián — ¡Me tenéis harto!

Román — Parece su señoría

natural de Andalucía,
en lo atrevido.

Julián

O márchese en el momento,
o diga, en este aposento
qué se ha perdido.

Pereira

¿No lo habéis adivinado?
Una mujer busco aquí
que entró hace poco.

Julián (Riéndose.)

Ya, desde que habéis llegado,
de verás me convencí
que estabais loco.

Pereira

(Con resolución.)
Aquí ha entrado una mujer.

Román
(Con frialdad.)

Todo el cuarto podéis ver.

Julián

Vuelvo a decir
que estáis loco de remate.

Alberto

Dejad ese disparate;
ya os podéis ir
a la calle.

Julián

¿Una querida
venís a buscar aquí?
Chicos, vamos,
esto es ya cosa perdida.

El rostro en ponche por mí
  le bañamos.

Alberto ¡Famosa idea, por Dios!
Le sacamos entre dos
  muy formalmente,
y le curamos su mal
llevándole al hospital
  por demente.

Román ¡Ea, fuera!

Julián ¡Majadero!
¿Venís de cobrar baratos
  a hacer papel?

Román Idos de aquí, caballero.

Julián ¡Á la cabeza los platos!
  ¡Fuera con él!

(Julián hace ademán de tirar los platos; Pereira coge la mano de Román y le aparta de los demás, diciéndole con rabia:)

¿Conócesme?

Román No, por cierto.

Pereira. Pues oye: si esa mujer
está aquí, y llego a saber la verdad,
date por muerto.

Román
(Levantándose.) Ya nos podemos batir,
que aunque oculta la tuviera,
solo cadáver saliera;
sin ella, a fe, te has de ir.

Pereira ¿Eres valiente?

Román No sé.

Pereira ¿Y te batieras conmigo?

Román Nunca evito un enemigo.

Pereira ¿Hubieras temor?

Román ¿De qué?

Pereira Eres niño.

Román ¡Vive Dios,
que aquí mismo lo veamos!
¡Atrás!

(Tomando los floretes.)

Pereira. Piénsalo.

Román Riñamos;

que muera uno de los dos.

(Se ponen en guardia. Alberto se pone entre los dos. Ana quiera salir del escondite, y Julián la detiene, apoyándose de espaldas contra la alacena)

Julián Prudencia, señora.

Ana ¡Cielo!

Julián Mirad que es vuestro marido.

Alberto Caballeros, prohibido
por las leyes está el duelo.
Batíos en campo raso.

Román Aparta, o de una estocada...

Alberto ¡Silencio!

Pereira (Tirando el florete.)
No tiras nada.

Román De aquí no has de dar un paso
sin que me mates o mueras.

Pereira Tienes la sangre caliente,
eres joven y valiente
como sois los calaveras.
Me marcho, y vuelvo a decir
que si está aquí mi mujer,
Dios mismo no ha de valer

para dejarte vivir.

Julián (Al tiempo de marcharse Pereira.)
Y si él solo harto no es
para tan bravo enemigo,
nos batiremos contigo,
uno tras otro, los tres.

Escena VII

Román, Julián, Alberto y Ana, escondida.

Julián Humos traía.

Alberto Y los lleva.

Julián Con ese aire de matón,
tiene, apuesto, un corazón
tan blando como una breva.

Román ¡Famosa es mi despedida
de este mundo fatigoso;
nunca me pareció hermoso
sino al exponer la vida!
Bien: volveremos a ver
ciertamente a ese matón;
¿qué arriesgo yo en la función?
Nada tengo que perder.

Julián ¿Otra vez te has de batir?

Román Doquier que nos encontremos.

Julián Ambos por ti lidiaremos.

Alberto Y acabamos de sufrir.

Román ¡Silencio!

(Abriendo la alacena donde está Ana.)

Salid, señora:
vida y honra os defendí,
y, a lo más, dentro de un hora
parto muy lejos de aquí.
A veros no volveré;
suplícoos, pues, que digáis
dónde ocultaros queráis,
que yo os acompañaré.

Ana (Llorando.) ¡Ay de mí, Román!

Román Dejemos
suspiros y llantos, Ana;
el Sol que saldrá mañana,
juntos los dos no veremos.
Esta casa abandono hoy,
y el mundo dejo con ella;
mi dichosa o mala estrella,
indolente a esperar voy.
Sin amigos, sin amores,
sin ningún vínculo aquí,
habrán de pasar por mí

horas acaso mejores.

(Pausa de un momento.)

¿Qué decís? ¿Puedo hacer más
El camino equivoqué.
Inútil me confesé,
y humillado vuelvo atrás.

Alberto — Román, ¿no hay remedio alguno?

Román — Ninguno encuentro.

Ana (De rodillas) — ¡Ah! ¡Por Dios!

Román — Alzad, que me es importuno.

Julián — Si ello, Román, ha de ser,
y tan a pechos lo quieres,
tú te sabrás lo que eres
y lo que puedes poder.

Román — Salgamos.

Ana — ¿Y mi marido?

Román — No temáis entre los tres.

Julián — Oscura la noche es
y lluviosa...

Román Se habrá ido.

Ana De aquí no salimos, no...

Román Pues ved lo que habéis de hacer...

Ana Que no tengo aquí de ser
la que pierda sola yo.

Román Ana, si erré mi camino,
¿no es el dolor para mí,
que mi corazón creí
lleno de un fuego divino?
Ni esperanza, ni fortuna,
quedó ya en el pensamiento.

Ana ¡Ni el alma en el pecho siento!

Román Vamos; ha dado la una.

(Apaga las luces, y vanse todos, cerrando la puerta por fuera.)

Acto II. Una muerte por honor

Un jardín de una posesión de Alberto en Valencia; en el fondo un cenador; a la derecha una pequeña puerta casi obstruida con brezos y maleza. Una hora antes de anochecer.

Escena I

Román

Tremenda cosa es nacer
sin poder adivinar
en este revuelto mar
qué playas hemos de ver;
tremenda cosa es querer
lo que en el alma bullir
sentimos, al percibir
que es nuestra ánima inmortal,
puestos en un arenal,
sin saber dónde acudir.
  Apenas a luz salimos,
engaños y error probamos;
dondequiera que miramos,
notamos que nos perdimos.
Una fantasma seguimos,
que solo soñando vemos:
vacío si la tenemos,
si la perdemos fortuna.
¡No acertamos cosa alguna
¡por Dios! desde que nacemos!
  Fama y gloria codicié
porque inmortal me sentí;
y cuando cerca la vi

que era polvo imaginé.
Del mismo amor blasfemé;
juzguele sueño distante,
niño, pobre y vergonzante;
y hoy, que en el alma lo siento,
conozco, por mi tormento,
que es rey, tirano y gigante.
¡Ay! Y ¿soy el mismo yo
que de esa pasión de ayer
blasfemé, sin conocer
que hoy la sentiría? No;
ya mi alma se abrasó;
castigo del cielo fue,
que cuando el alma salvé
de mi ambiciosa inquietud,
una vida sin virtud
alucinado abracé.
¡Ay! ¿Porqué nacen tan bellas,
bajo formas de mujer,
estrellas que han de hacer ver
el rigor de las estrellas?
Si nuestra vida está en ellas
y allí nuestra eternidad,
injusticia es, en verdad,
que viéndolas ¡ay! nosotros,
nos dejen para ser de otros
miseria y oscuridad.
Alberto amigo, perdón,
que cuando tu honor ofendo,
que es, en mi delirio entiendo,
mi amor una maldición.
Errado habrá el corazón,

pero estaba escrito aquí;
y hoy, ¡perdón! la adoro, sí;
que en mi loco desvarío
eres tú sola, amor mío,
gloria y cielo para mí.
¡Ángel de paz y armonía!
Cuando viniste al suelo
¿por qué no dejaste al cielo
el cielo que en ti vivía?
Pero, ya en la tierra impía,
tus ojos después de ver,
¿cómo amar a otra mujer?
Que si hay ángeles de amor
junto al trono del Señor,
ángel, Luisa, debes ser.

Escena II

Román, Alberto, saliendo del cenador.

Román ¿Me oíste Alberto?

Alberto A fe mía,
que amabas te comprendí.

Román Así dije: no creí
que nadie me escucharía.

Alberto ¿Conque amas?

Román — Sí, por cierto

Alberto — ¿Sin esperanza, parece?

Román — Sí, que mi amor no merece
amor como el suyo, Alberto.

Alberto — ¿No merece? ¿Por qué así?

Román — Porque un amor como el mío...

Alberto — Sigue.

Román — Es un amor impío
hecho solo para mí.

Alberto — Menos te comprendo ahora.
¿No es acaso una mujer?

Román — Que no se puede querer
y que el corazón adora.

Alberto — Pues con ser mujer, yo creo
que hay poder, si ella lo quiere:
pues que fuere como fuere,
nunca la mancha el deseo.

Román — Sí la mancilla, es casada

Alberto — Pues entonces tu razón...

Román — ¡Vive Dios! El corazón,

a la razón tiene atada.
  Cuando se ama, ¿cómo ver
como ello es lo que se adora?
Cuando un hombre se enamora,
no sabe de qué mujer;
  Porque acaso destinado
un ser para otro ser nace,
y su mala estrella hace
que tarde se hayan hallado.
  Yo la amo con frenesí
porque nací para ella;
pero no quiso mi estrella
que naciera para mí.

Alberto Luego ¿es de otro?

Román Claro está.
Mas quiso la suerte impía,
que el amor la hiciera mía.

Alberto Y ¿te ama?

Román Lo dije ya.

Alberto Y ¿eso lloras?

Román Eso lloro;
porque el amar y el morir
no se puede en dos partir,
y yo parto lo que adoro.

Alberto Y ¿habré de saber si es

mujer de tal condición...

Román

Que se arrastra el corazón
desesperado a sus pies;
  que es noble, rica y ajena.
Anciano en mi juventud,
nací pobre, y sin virtud
que oponer, a tanta pena.
  Sufrí borrasca espantosa
de pasiones encontradas,
que estuvieron encerradas
en un alma irreligiosa;
  porque mi existencia inquieta
con impaciencia sufrí,
y hoy heme gusano aquí,
con corazón de poeta;
  que el mundo surcando voy
en pos de un ángel mujer
que es mía, y no la he de ver
por no ser yo lo que soy.

Alberto

  ¡Desgraciado! Al fin comprendes
el rigor de tu fortuna,
y a esa fantasma importuna
tu misma mano le tiendes.
  Mucho, sí, quisiste ser,
mucho hubiste de dejar,
que para a mucho llegar,
mucho es preciso querer.
  Y hoy te ves triste, indeciso
en un vacilar eterno,
con el alma en un infierno,

la vista en un paraíso.

Román ¡Un paraíso! Y jamás
habré yo de entrar en él.
¡Un paraíso de hiel!

Alberto Que al fin de apurar habrás.

Román ¡Apurarlo! Ya lo sé.
Tal tormento se me alcanza
sin gloria, sin esperanza...

Alberto Sin esperanza, ¿por qué?

Román Porque vinimos al suelo
con un corazón que encierra
la miseria de la tierra,
la ambición de todo un cielo.
¿Por qué no nos dio una estrella
Dios, que en esta oscuridad
mirando su claridad,
nos guiáramos por ella?
Pero nacer a sufrir,
sufrir y el término errar,
llegar el día de amar,
y al tiempo de amar, morir...
injusto es, Alberto, a fe.

Alberto (¡Desgraciado! Loco está;
no piensa en lo que será,
y, ha olvidado lo que fue.)
¿Y hoy el mismo Román eres

que no creías ayer
que el amor a una mujer
más es pasión que placeres?
Tarde al fin has conocido
que amor nuestro pecho encierra.

Román

Tanto esa idea me aterra,
que quiero no haber nacido.

Alberto

Tal vez es tarde, Román;
mas a curar ese amor,
tiempo y lágrimas serán
la medicina mejor.

Román

Lágrimas, Alberto, no;
las derramé en la niñez:
vertilas ¡ay! de una vez,
y ya no las tengo yo.
Cuando el corazón espera,
lágrimas tal vez derrama;
cuando ajeno es lo que ama,
no llora, que desespera.

Alberto

¿Tal es en tu corazón
esa hoguera en que se abrasa?

Román

De lo imaginable pasa el
fuego de mi pasión.

Alberto

¿Tan violenta?

Román — Es un volcán.

Alberto — ¿Ninguna razón la aquieta?

Román — Y ¿quién a la mar sujeta?

Alberto — ¡Ah! Tú eres grande, Román:
más que el amor es la gloria;
busca gloria y no el amor;
esa página de error
bórrala, de la memoria.

Román — ¡La gloria! Efímero nombre,
cuyo seductor aliño
deslumbra el alma del niño,
pero no el alma del hombre.
¿Qué me importa ese laurel,
si en llegándole a alcanzar,
tampoco tengo de hallar
sino amarguras en él?
El nombre: cualquiera es bueno
si todos de muerte igual
son la sentencia fatal,
y abrigan dentro veneno.

Alberto — Román, es fuerza vivir,
y vivir sin esperar,
que no podemos amar
lo que es de otro.

Román — Pues morir.

Alberto — Morir, Román, es no ser,
y en el no ser no hay amor;
otro remedio mejor
a la mano hay que tener.

Román — ¡Vivir sin amar! Mentira.
Dile al ave que no cante,
dila que el vuelo levante
sin el aire que respira.
Dile que paro al torrente
al borde de la cascada;
dila que quede estancada
sobre la peña la fuente.

Alberto — (Con decisión.)
Román, no amar es preciso.

Román — Sin amar, ¿como vivir?
Es un infierno sufrir,
con aura de paraíso.

Alberto — ¿De vivir no hay más camino?

Román — No hay otro.

Alberto — Piénsalo bien.

Román — Ley tan tiránica, ¿quién
dar puede?

Alberto — Yo y tu destino.

Román ¿Quién eres tú? ¡Vive Dios!

Alberto Imbécil, Alberto soy,
que entre ti y tu amor estoy,
y el destino entre los dos.

Román ¡Cielos! ¿Y Yo mismo fui
quien se lo dije? Estoy loco;
toda mi existencia es poco
para pagarle, ¡ay de mí!

(Román desde este momento parece perder el juicio. Al Penúltimo verso de esta Escena cree ver un fantasma, y fijando los ojos en Alberto, dice aterrado:)

La Muerte avara y cruel
me hubiera al fin consumido,
si los días que he vivido
no se los debiera a él;.
a él, fantasma furioso
que entro los dos te levantas
para abrirnos a tus plantas
un precipicio espantoso.
Sombra airada que tu huesa
dejaste por mi tormento,
si ves en mi pensamiento
el pensamiento que pesa,
y tu perdón no merezco,
amigo a quien yo vendí...
¡Alberto, huyamos de aquí!...

Alberto ¡Infeliz! Te compadezco.

Escena III

Alberto

¡Maldita ambición de ser
más de lo que puede un hombre!
¡Maldita ambición de un nombre
con que no hemos de poder!
Contento, ignorado ayer,
esperabas otro día,
Y hoy en tu frente sombría
sentado el abatimiento,
te saca tu pensamiento
a la odiosa luz del día.
¡Es tarde, esperanza vana!
Tu quimérica pasión
se apagó en el corazón
en hora ¡por Dios! temprana.
Vino el estéril mañana,
ya de ilusiones vacío,
dudó el corazón impío,
y la esperanza se hundió:
arroyo que se perdió
entre las ondas de un río.

(Abre el cenador y sale Luisa.)

Escena IV

Luisa y Alberto

Alberto ¿Le oíste? En su amargura,
él a confesarlo vino:
amarte fue su destino,
amarle tú fue locura.

Luisa Alberto, saben los cielos...

Alberto Mucho los cielos sabrán,
cuando a los que aman dan
el tormento de los celos.

Luisa ¡Perdón, Alberto! Está loco,
al borde del precipicio.

Alberto Un pequeño sacrificio
que les costaba tan poco.

Luisa Por Dios, tranquilo repara...

Alberto ¡Silencio digo, perjura!
Tú el amor y él la locura,
me habéis de pagar bien cara.

Luisa ¡Perjura! Mi corazón,
¿a quién diera sino a ti?
¿Tanto en llorar te ofendí
su terrible situación?
¿No era tu amigo mejor?
¿No te debe su existencia?
Y tenerle en tu presencia,
¿no era tu gozo mayor?
Si en compadecerle erré,

y él puso su amor en mí,
él que amaba pecó, sí,
mas yo que escuchaba, ¿en qué?

Alberto

Si le oíste, ¿por qué luego
de ti no le rechazaste?
¿En sus ojos no miraste
de amor el osado fuego?

Luisa

Le vi, pero contemplé
un hondo abismo detrás,
y un poco que huyera más,
faltara a la tierra el pie.
Oí su amoroso ruego,
mucho de él compadecida,
que en ello le iba la vida
y se la arrancara luego.
¿Tengo yo culpa, por Dios,
de que su alma violenta
no pueda vivir contenta
sino dividida en dos?
Recatada habré de ser
con él, pero ingrata no;
que si casada soy yo,
nací primero mujer;
y nunca he de rechazar
un corazón desdichado,
que a buscar viene a mi lado
un sitio donde llorar.
Mucho ofendiste mi honor
cuando imaginar pudiste
que el amor que tú me diste

vendiera por otro amor.
Que si por cariño no,
ni por otro miramiento,
por cumplir mi juramento,
tu honor te guardara yo.

Alberto ¡Y él frenético te ama!

Luisa ¿Qué daño me hará una hoguera
de que no siento siquiera
el resplandor de la llama?

Alberto ¿Conque no le amas?

Luisa Por cierto.
¿Tú lo pudiste pensar?
¿A quién Luisa habrá de amar
después de amar a su Alberto?

(Llora.)

Alberto Mi vida, perdóname,
que en pensarlo te ofendí;
los celos dentro de mí
a sofocar no alcancé.
Tú no sabes, vida mía,
lo que es amar, para ver
el amor de una mujer
pasar como el Sol de un día;
imaginar que, tranquila,
escucha otro nuevo amor,
y en el nuevo adorador

vierte luz de su pupila.
Porque tus ojos ¡oh Luisa!
la luz del Sol arrancaron,
diote el alba su sonrisa
y tus ojos alumbraron.
Tus ojos ¡ay! me hechizaron,
¡hija del cielo español!
Si así alumbró tu arrebol,
¿cómo sufrir que, importuno,
gozar pudiera hombre alguno
toda la luz de tu Sol?

Luisa ¡Mi esposo!

Alberto ¿Tuyo me llamas?
¡Oh! Tuyo, alma mía, sí,
que vida no siento en mí
Sino porque tú me amas.

Luisa Dulce bálsamo derramas
en mi corazón, Alberto,
con tus palabras, que cierto
tú me llamaste perjura,
y de esa voz la amargura,
acaso me hubiera muerto.

Alberto ¡Hermosa! Porque te adoro,
porque no vivo sin ti,
todo el veneno sentí
De los celos.

Luisa Y ese lloro,

amor destilado en oro
que en tus párpados se mece,
¿todo mi amor no merece?
¡Oh! Tu labio me lo dice...

Alberto

Y el corazón te bendice
cuando mi labio enmudece.
  Cuando lloro es porque callo,
que callo y lágrimas vierto;
porque a hablarte con acierto,
hartas palabras no hallo.
Inútil es intentallo,
que si inconstante te miro,
apenas hablas, te admiro;
y pueden tal tus razones,
que no hallo reconvenciones;
te admiro, callo y suspiro.

(Durante la décima anterior, Román ha cruzado el fondo del teatro, y dice al tiempo de desaparecer:)

  ¡Gózala en paz! Tuya es.
Para ti tiene ella amor,
que para mí, aterrador,
abre un abismo a sus pies.
Si hay otro mundo después,
allí he de seguirla en pos,
que acaso disponga Dios
que cuando un ser ama aquí,
después de la muerte, allí

hayan de amarse los dos.

(Al alejarse Román, vuelve Luisa la cabeza y queda con los ojos fijos en él.)

Luisa

Hele allí, sobre su frente
lleva su destino impío,
su pensamiento sombrío
bullendo eterno en la mente.
Loco está, pero inocente.

Alberto

Y ¿qué más pude yo hacer?
Le di mi casa, mi haber;
le di oro, independencia;
y él, en su ciega demencia,
codicia hasta mi mujer.

Luisa

De nobles es perdonar;
pues que todo lo perdió,
Alberto, si te ofendió,
enséñale tú a olvidar.

Alberto

¿Y lo que él ha de penar?

Luisa

Ese será su castigo.

Alberto

Aunque ingrato fue conmigo,
respetaré su dolor,
que vale tanto el honor
como la paz de un amigo.
Ya está, Luisa, perdonado;
tú, amor mío, abrázame

y perdona.

Luisa ¿A ti? ¿De qué?
¿Es delito haberme amado?

Escena V

Luisa Ya era tiempo, desdichado,
de conocerte a ti mismo,
de tu indolente egoísmo,
de tu avara ceguedad,
no es madre la sociedad,
es la puerta de un abismo.

Escena VI

Luisa y Román Román vuelve a cruzar la Escena y se queda inmóvil, los brazos cruzados, mirando a Luisa.

Luisa ¿Qué hacéis?

Román ¡Qué he de hacer! Llorar.

Luisa ¿Llorar? No alcanzo razón.

Román ¡Ah! Vuestra conversación
os acabo de escuchar,
y me partió el corazón.

Luisa Puesto que la habéis oído,
nada os tengo que decir;

veis que amiga vuestra he sido.

Román

Los que en tal signo han nacido,
más les valiera morir.
  Amistad le dais ahora
a un alma que tanto os ama;
mal con un vaso, señora,
se apaga devoradora
del vasto incendio la llama.
  Nunca los que amor sintieron
en amistad le cambiaron.

Luisa

Pero olvidarle supieron
cuando inútil le juzgaron.

Román

Si eso os han dicho, mintieron.
  No sabe lo que es amar
quien reconoce el olvido,
que amor se puede ocultar,
mas no se puede olvidar
cual si nunca hubiera sido.

Luisa

  Pues ocultadle en el pecho,
y nunca más lo digáis.

Román

Si a amor no tengo derecho,
mal, señora, me pagáis
el daño que me habéis hecho.
  Por última vez lo digo:
te amo; el infierno me fuera
un paraíso contigo,
y el infierno más quisiera

que el epíteto de amigo.

Luisa
Y ¿qué más podéis pedir,
ni qué daros puedo yo,
si casada he de vivir?

Román
A quien todo se negó,
¿qué ha de poder exigir?
Mi tormentosa fortuna
nada me dejó querer;
soñé una gloria importuna,
quimeras alcancé a ver,
pero realidad, ninguna.
Para esto en mi edad temprana
sueños de flores soñé,
por ver que esa imagen vana
un sueño, por cierto fue,
al despertarme mañana.

Luisa
¡Ciego! Y ese loco amor,
¿no es más sueño que otro alguno?
Buscad camino mejor.

Román
A otro cariño mayor
ya, señora, no hay ninguno.

Luisa
Amad la fama, la gloria.

Román
¿Qué le importa a un corazón
desesperado, en la historia
dejar por nombre un borrón
en vez de fama y memoria?

Ya sé que el camino erré,
y que el tiempo que pasó
no ha de volver ya lo sé;
pero ya es tarde, y a fe
que atrás no me vuelva yo.

Luisa — Luego ¿qué pensáis?

Román — Amaros.

Luisa — Y ¿qué habéis de conseguir?

Román — El placer de idolatraros.

Luisa — Y de eso, ¿qué ha de quedaros?

Román — La esperanza de morir.
Si en el amor no creí
por necedad o altivez,
ya que una vez lo sentí,
la vez primera ¡ay de mí!
será la postrera vez.

Luisa — (¡Compasión siento por él!
¡No me resuelvo, por Dios!)
Hay un medio.

Román — ¡Suerte cruel!

Luisa — El espacio entre los dos.

Román — (Con desesperación)

¡Para el sediento es la hiel!

Luisa — Inútil es vuestro amor
cuando estoy, Román, casada.

Román — ¿Y ese es el medio mejor?

Luisa — Yo no encuentro medio a nada
cuando en ello va el honor.
Pensad desde este momento
esa quimera borrar
del alma y el pensamiento,
que yo di mi juramento
a mi esposo en el altar.

Román — (Cerrome toda esperanza
dė vivir la avara suerte.)

Luisa — Todo del tiempo se alcanza.

Román — Si no cede la balanza
por el lado de la muerte.

Luisa — ¡La muerte!

Román — Y ¿qué resta ya
a quien todo lo perdió?

Luisa — No, nunca desesperó
el justo.

Román — Y ¿quién os dirá

que de esos justos soy yo?

Luisa (¿Tengo yo, cielos, de ser
quien de su felicidad
la esperanza he de romper?
¡Maldita la sociedad
en donde nací mujer!)

Román (Echándose a sus pies.)
¿Lloras, hermosa?

Luisa (Con energía.) ¡Insensato!
No lloro, que considero
de un marido caballero
y un galán con él ingrato,
que el marido es lo primero.

Escena VII

Román ¡Ya mis sueños se apagaron!
Los fantasmas de la vida
uno a uno se borraron
y ya nunca volverán.
¡Seis meses! Madrid, Valencia,
en sueños o realidades,
como tremenda sentencia
el alma royendo están.
¡Seis meses! En mi memoria
han encendido una hoguera;
todo un porvenir de gloria
está quemándose allí:

es muy tarde; sin amores,
sin porvenir ni esperanza,
esa corona de flores
es de espinas para mí.
  Perdí la luz de mis días
en ilusiones pueriles,
de mis horas juveniles
tengo solo... una pasión;
y esa pasión imposible,
ese pensamiento eterno,
me pesa como un infierno
a plomo en el corazón.
  Partiré lejos, muy lejos,
que el Sol de mi amarga vida
con los últimos reflejos
alumbra el cuerpo mortal.
¡Adiós, Luisa encantadora!
¡Adiós, ofendido amigo!
Oí la tremenda hora...
tocaban a un funeral.

Escena VIII

Román sentado en actitud de la más profunda meditación. Pereira entrando por la puerta falsa en traje de camino. Es completamente de noche.

Pereira Salud, amigo.

Román ¿Quién va?

Pereira Una antigua relación

que ya desde otra ocasión
reconocida os está.

Román ¿Qué queréis?

Pereira Pensadlo vos.

Román ¿Yo? Por todo un firmamento
no cambio de pensamiento
ni para pensar en Dios.

Pereira En mal hora creo, a fe,
que he llegado.

Román Sí, por cierto.

Pereira Ese postigo hallé abierto,
oí vuestra voz y entré.

Román Pues bien os podéis marchar,
porque yo no os quiero oír.

Pereira Pues yo os lo quiero decir,
y me lo habréis de escuchar.

Román Marchaos digo.

Pereira A eso vengo;
y en cumpliendo mi mensaje,
otra vez el mismo viaje,
aunque largo, emprender tengo.

Román Pues bien: decid, ¿qué queréis?

Pereira Vengarme.

Román (Marchándose bruscamente.)
¿Qué tengo yo
con tu venganza?

Pereira (Deteniéndole.)
¡Eso no!
Quedaos, me ayudaréis.

Román (Amenazándole.)
Ved que no tengo en la vida
vínculo que baste alguno...

Pereira Pronto no tendrás ninguno
que malgastarla te impida.
Mira, ¡traidor!

(Descubriéndose.)

Román ¡Vive Dios!
¡Pereira!

Pereira Tú mi honor tienes,
yo quiero tu alma en rehenes
por fianza de los dos.
Por eso a buscarte vine
desde Madrid a Valencia,
por él grita mi conciencia

que te mate o te asesine.

Román

¡Bueno! En mejor ocasión
venir por él no has podido;
en las manos me has caído,
y sed tiene el corazón.
Vamos.

Pereira

Espera, porque antes
una nueva te he de dar,
que siempre han de interesar
las nuevas a los amantes.
Era, seis meses hará,
una noche oscura, fría,
la lluvia a mares caía...

Román

Importuno el hombre está.

Pereira

Tres hombres, ebrios los tres,
que una dama acompañaban,
las calles atravesaban...
Otro venía después.
A la incierta luz escasa
de un farol agonizante
se detuvieron delante
de una miserable casa.
Salió una vieja al encuentro,
y a la falsa voz de «amigo»
abrió un estrecho postigo
y se cerraron por dentro.
Entonces el embozado,
apoyado en el portón,

de los que habían entrado
oyó la conversación.
  ¿Sabes lo que se trató?
De engañar una mujer;
yo la acertó a socorrer,
y a vengarla vengo yo.
  Ella te adoraba, sí;
y pues su honor era mío,
a acabar el desafío
he venido solo aquí.

Román ¿Me hablas a mí?

Pereira La maté.

Román ¿Qué me importa?

Pereira ¿Por ventura
No la amabas?

Román ¡Qué locura!
Nunca tal imaginé.

Pereira Luego ¿tú la sedujiste
tan solo por liviandad?
Y ella, ¿te amaba?

Román Verdad.

Pereira ¿Es verdad?

Román — Ya lo dijiste.

Pereira — No en balde para encontrarte
tanto tiempo me afané;
que me faltara pensé
el tiempo para matarte.

Román — Si me matas, y ha de ser
por mano de caballero,
que lleves después espero
un adiós a una mujer.

Pereira — Sí, por cierto.

Román — Júralo.

Pereira — Sobre aquesta cruz de oro.
¿La amas?

Román — No, que la adoro.

Pereira — Y ¿te corresponde?

Román — No.

Pereira — ¡Estúpido! Loco estás.
¿Cuando vengo por tu vida,
de tu amante despedida
a hacerme correo vas?
¡Imbécil! La he de decir
que vives libre, contento,
y que en veinte años, en ciento,

no habrás de poder morir.

Román ¿Por qué, traidor?

Pereira Porque así
hago más fatal tu estrella:
tu vida la enfada a ella,
y yo me vengo de ti.

(Pereira alarga dos espadas a Román, que toma una. Se baten: Pereira, con serenidad; Román, con impetuosa cólera.)

¡Seis meses pienso que hará
que nos quisimos batir!

(Viendo que la rabia de Román crece.)

¿Quieres matarme?

Román O morir.

Pereira ¿O morir?

Román Tanto me da.

Pereira ¿Te herí?

Román No sé.

Pereira Pues seguir...

Román | Combate a muerte.

Pereira | (Dándole una estocada)
Ahí está!

Escena última
Román, en tierra; Luisa, Alberto y Pereira

Luisa | ¡Dios mío!

Alberto | ¡Un combate aquí!

Pereira | Señores, un desafío;
esto era negocio mío,
pero ya le concluí.

Alberto | (Mirando el cadáver de Román con rabia.)
¡Oh! ¡Le habéis muerto! Y ¿por qué?

Pereira | Por una deuda anterior.

Luisa | ¿Una deuda?

Alberto | ¿Era de honor?

Pereira | Por el honor le maté.

Libros a la carta

A la carta es un servicio especializado para
empresas,
librerías,
bibliotecas,
editoriales
y centros de enseñanza;
y permite confeccionar libros que, por su formato y concepción, sirven a los propósitos más específicos de estas instituciones.

Las empresas nos encargan ediciones personalizadas para marketing editorial o para regalos institucionales. Y los interesados solicitan, a título personal, ediciones antiguas, o no disponibles en el mercado; y las acompañan con notas y comentarios críticos.

Las ediciones tienen como apoyo un libro de estilo con todo tipo de referencias sobre los criterios de tratamiento tipográfico aplicados a nuestros libros que puede ser consultado en Linkgua-ediciones.com .

Linkgua edita por encargo diferentes versiones de una misma obra con distintos tratamientos ortotipográficos (actualizaciones de carácter divulgativo de un clásico, o versiones estrictamente fieles a la edición original de referencia).

Este servicio de ediciones a la carta le permitirá, si usted se dedica a la enseñanza, tener una forma de hacer pública su interpretación de un texto y, sobre una versión digitalizada «base», usted podrá introducir interpretaciones del texto fuente. Es un tópico que los profesores denuncien en clase los desmanes de una edición, o vayan comentando errores de interpretación de un texto y esta es una solución útil a esa necesidad del mundo académico.

Asimismo publicamos de manera sistemática, en un mismo catálogo, tesis doctorales y actas de congresos académicos, que son distribuidas a través de nuestra Web.

El servicio de «libros a la carta» funciona de dos formas.

1. Tenemos un fondo de libros digitalizados que usted puede personalizar en tiradas de al menos cinco ejemplares. Estas personalizaciones pueden ser de todo tipo: añadir notas de clase para uso de un grupo de estudiantes, introducir logos corporativos para uso con fines de marketing empresarial, etc. etc.

2. Buscamos libros descatalogados de otras editoriales y los reeditamos en tiradas cortas a petición de un cliente.

www.ingramcontent.com/pod-product-compliance
Lightning Source LLC
LaVergne TN
LVHW101916190826
846094LV00002B/34

* 9 7 8 8 4 1 1 2 6 0 2 8 2 *